BEI GRIN MACHT SICH IHR WISSEN BEZAHLT

Bibliografische Information der Deutschen Nationalbibliothek:

Die Deutsche Bibliothek verzeichnet diese Publikation in der Deutschen National-
bibliografie; detaillierte bibliografische Daten sind im Internet über http://dnb.d-
nb.de/ abrufbar.

Impressum:

Copyright © 2017 GRIN Verlag, Open Publishing GmbH
Druck und Bindung: Books on Demand GmbH, Norderstedt Germany
ISBN: 9783668617100

Dieses Buch bei GRIN:

https://www.grin.com/document/387586

Simon Landmesser

Aus der Reihe: e-fellows.net stipendiaten-wissen

e-fellows.net (Hrsg.)

Band 2649

Mindestkörpergröße bei der Polizei. Spannungsfeld zwischen Eignungsprinzip und Gleichbehandlungsgrundsatz

GRIN Verlag

GRIN - Your knowledge has value

Der GRIN Verlag publiziert seit 1998 wissenschaftliche Arbeiten von Studenten, Hochschullehrern und anderen Akademikern als eBook und gedrucktes Buch. Die Verlagswebsite www.grin.com ist die ideale Plattform zur Veröffentlichung von Hausarbeiten, Abschlussarbeiten, wissenschaftlichen Aufsätzen, Dissertationen und Fachbüchern.

Besuchen Sie uns im Internet:

http://www.grin.com/

http://www.facebook.com/grincom

http://www.twitter.com/grin_com

Hausarbeit an der Universität Kassel zum Thema

Mindestkörpergröße bei der Polizei - Spannungsfeld zwischen Eignungsprinzip und Gleichbehandlungsgrundsatz

Verfasser: Simon Landmesser

Datum der Abgabe: 25.11.2017

GLIEDERUNG

Abkürzungsverzeichnis

Abs.	Absatz
AGG	Allgemeines Gleichbehandlungsgesetz
Art.	Artikel
BeamtStG	Beamtenstatusgesetz
BVerfG	Bundesverfassungsgericht
BVerwG	Bundesverwaltungsgericht
cm	Zentimeter
ebd.	ebenda
EU	Europäische Union
EUGH	Europäischer Gerichtshof
f.	folgende
GG	Grundgesetz
i.S.d.	im Sinne des
i.V.m.	in Verbindung mit
NBG	Niedersächsisches Beamtengesetz
OVG	Oberverwaltungsgericht
Rnr.	Randnummer
VG	Verwaltungsgericht
VGH	Verwaltungsgerichtshof
vgl.	vergleiche
z.B.	zum Beispiel

1. Einleitung

Die Einstellungsvoraussetzungen für den Polizeivollzugsdienst der Polizeien des Bundes und der Länder unterscheiden sich in vielerlei Hinsicht. Dies gilt auch in Bezug auf das Einstellungskriterium der Körpergröße. Einige Polizeien haben eine Mindestkörpergröße als Einstellungsvoraussetzung festgelegt, teils mit abweichenden Werten für Frauen und Männer (vgl. Kapitel 2). Die Verwaltungsgerichtsbarkeit hat sich in den letzten Jahren immer wieder mit der Frage auseinandergesetzt, inwieweit eine Zugangsbeschränkung für den Polizeivollzugsdienst anhand der Körpergröße zulässig ist. Mittlerweile existiert daher eine Vielzahl an Urteilen, welche allerdings je nach Einzelfall zu unterschiedlichen Ergebnissen kommen. So urteilte beispielsweise jüngst das Oberverwaltungsgericht Münster: „Die Festlegung einer Mindestkörpergröße von 163cm für den Zugang zum gehobenen Polizeivollzugsdienst in Nordrhein-Westfalen begegnet keinen rechtlichen Bedenken." (OVG Münster 2017: Rnr. 36). Zugleich rügt es aber, dass die abweichende Mindestkörpergröße von 168cm für Männer, die dazu dient, eine Ungleichbehandlung zwischen Frauen und Männern zu beschränken, per Erlass geregelt ist (ebd.: Rnr. 74). Dieses Beispiel verdeutlicht, dass im Zentrum der Rechtsstreite zur Thematik häufig die Vereinbarkeit entsprechender Zugangsbeschränkungen mit dem Eignungsprinzip gem. Art. 33 Abs. 2 GG und dem Gleichheitsgebot gem. Art. 3 GG stehen.

Die Polizei in Nordrhein-Westfalen, wie auch einige andere Polizeien, fordert nach aktuellen Recherchen keine Mindestkörpergröße mehr als Einstellungskriterium. Die Streichung dieses Einstellungskriterium macht die Polizeien zwar juristisch weniger angreifbar, dass eine Mindestkörpergröße aber durchaus berechtigte sachliche Gründe haben kann, verdeutlichen verschiedene Urteile, die deren Zulässigkeit unter bestimmten Voraussetzungen bestätigten (so z.B.: VGH Kassel 2016; VG Düsseldorf 2007). Im Rahmen dieser Arbeit soll daher untersucht werden, inwieweit ein Spannungsfeld zwischen Eignungsprinzip und Gleichbehandlungsgrundsatz besteht und welche rechtlichen Problematiken damit einhergehen. Dazu werden zunächst die zentralen betroffenen Verfassungsnormen erläutert. Um die verfassungsrechtliche Vereinbarkeit entsprechender Regelungen unterschiedsloser Mindestkörpergrößen als Einstellungsvoraussetzung in den Polizeivollzugsdienst zu prüfen, wird ein fiktiver Grundsachverhalt konstruiert. Dieser wird auf die Vereinbarkeit mit Art. 33 Abs. 2 GG einerseits und mit Art. 3 GG andererseits überprüft. Anschließend wird

2

die Problematik der unterschiedlichen Mindestkörpergrößen für Frauen und Männer als Einstellungsvoraussetzung analysiert. Die Arbeit schließt mit einem Fazit.

2. Aktuelle Verwaltungspraxis bei der Polizei

Die Verwaltungspraxis bei den deutschen Polizeien ist höchst unterschiedlich. Die Einstellungsvoraussetzungen hinsichtlich der Körpergröße variieren dabei je nach Bundesland. So gibt es Polizeien des Bundes und der Länder bei denen eine Mindestkörpergröße nicht gefordert wird. Bei anderen existiert eine einheitliche Mindestkörpergröße für Frauen und Männer und letztlich gibt es auch Polizeien, die bei Frauen eine geringere Mindestkörpergröße als bei Männern verlangen.

Eine Onlinerecherche zu den Einstellungsvoraussetzungen bei den Polizeien der Länder und des Bundes führte zu folgendem Ergebnis:

Polizei	Mindestkörpergröße bei Frauen	Mindestkörpergröße bei Männern	Quelle
Baden-Württemberg	160cm		Innenministerium Baden-Württemberg 2017
Bayern	165cm (Ausnahmen sind in Einzelfällen möglich)		Bayerisches Staatsministerium des Innern, für Bau und Verkehr 2017
Berlin	160cm	165cm	Der Polizeipräsident in Berlin 2017
Brandenburg	Keine		Fröhlich 2017
Bremen	Keine		Polizei Bremen 2017
Hamburg	160cm		Polizei Hamburg 2017
Hessen	160cm		Hessisches Landeskriminalamt 2017
Mecklenburg-Vorpommern	165cm (Ausnahmen sind in Einzelfällen möglich)		Fachhochschule für öffentliche Verwaltung, Polizei und Rechtspflege des Landes Mecklenburg-Vorpommern 2017

Niedersachsen	163cm	168cm	Polizeiakademie Niedersachsen 2017
	(in Einzelfällen bis zu 4cm Abweichung)		
Nordrhein-Westfalen	Keine		Landesamt für Ausbildung, Fort-bildung und Personalangelegenhei-ten der Polizei NRW 2017
Rheinland-Pfalz	162cm (Ausnahmen sind in Einzelfällen möglich)		Ministerium des Innern und für Sport Rheinland-Pfalz 2017
Saarland	Keine		Ministerium für Inneres und Sport 2017
Sachsen	160cm		Sächsisches Staatsministerium des Innern 2017
Sachsen-Anhalt	160cm		Ministerium für Inneres und Sport des Landes Sachsen-Anhalt 2017
Schleswig-Holstein	160cm	165cm	Der Ministerpräsident des Landes Schleswig-Holstein 2017
Thüringen	160cm		Thüringer Ministeriumfür Inneres und Kommunales 2017
Bundespolizei	Keine		Bundespolizei 2017
BKA	162cm*		Bundeskriminalamt 2016

*Das Bundeskriminalamt formuliert die Mindestkörpergröße nicht eindeutig als festes Einstellungskriterium. Die Körpergröße beim Bundeskriminalamt „sollte idealerweise mindestens 162cm betragen". (Bundeskriminalamt 2016: 1)

Tabelle 1: Anforderungen an die Körpergröße für die Einstellung in den Polizeivollzugsdienst in Deutschland (Stand: 11.11.2017).

Die hohe Varianz bei den Einstellungsvoraussetzungen lässt sich anhand der Gesetzgebungskompetenz erklären. So ist die Polizei gem. Art. 30 GG grundsätzlich Ländersache. Ausnahmen bestehen lediglich hinsichtlich der Bundespolizei gem. Art. 73 Abs. 1 Nr. 5 GG und des Bundeskriminalamtes gem. Art. 73 Abs. 1 Nr. 10 GG.

3. Relevante Grundrechte

Die relevanten Grundrechte werden aufgrund des begrenzten Umfangs dieser Arbeit nur in groben Zügen und schwerpunktmäßig hinsichtlich der für diese Arbeit relevanten Besonderheiten erläutert.

3.1 Eignungsprinzip

Das Eignungsprinzip ergibt sich aus Art. 33 Abs. 2 GG. Danach hat „[j]eder Deutsche [..] nach seiner Eignung, Befähigung und fachlichen Leistung gleichen Zugang zu jedem öffentlichen Amte." (Art. 33 Abs. 2 GG). Auch wenn Art. 33 GG in der Grundgesetzsystematik nicht im Kapitel der Grundrechte (Art. 1-19 GG) aufgeführt ist, so sind die darin formulierten Gleichbehandlungsgebote und Diskriminierungsverbote gewährleistete Grundrechte (Maunz et al. 2017: Rnr. 4). Grundrechtsträger sind nach dem Wortlaut der Norm nur Deutsche (nach Art. 116 GG), allerdings ist in der Literatur umstritten, „ob sich EU-Bürger auf Deutschengrundrechte bzw. Deutschen vorbehaltene grundrechtsähnliche Rechte berufen können" (Hense 2017: Rnr. 5). Der Gesetzgeber hat die Problematik bislang einfachgesetzlich gelöst und Staatsangehörige anderer EU-Staaten gem. § 7 Abs. 1 Nr. 1 BeamtenStG rechtlich gleichgestellt (ebd.: Rnr. 20-21).

Der Tatbestand der Eignung ist ein weit gefasster Begriff und umfasst auch die Tatbestandsmerkmale der Befähigung und fachlichen Leistung (Maunz et al. 2017: Rnr. 30). Aufgrund der Reichweite des Merkmales ist es auch das Komplexeste der Norm (Hense 2017: Rnr. 15). So umfasst das Merkmal die körperliche, psychische und charakterliche Eignung (BVerfG 1995: Rnr. 44). Die Reichweite und Ausgestaltung des Eignungsprinzips wurde durch eine Vielzahl gerichtlicher Entscheidungen definiert. Dennoch sind verschiedene Kriterien weiterhin umstritten. So zum Beispiel die Höchstaltersgrenze für die Verbeamtung oder die Pflicht zur Verfassungstreue (Hense 2017: Rnr. 15).

3.2 Berufsfreiheit

Das Grundrecht auf Berufsfreiheit gem. Art. 12 GG vereint verschiedene Freiheitsrechte, darunter das Recht auf Freiheit der Berufswahl, Freiheit der Berufsausübung und freie Wahl der Ausbildungsstätte (Scholz 2017: Rnr. 1). Im Rahmen dieser Arbeit ist insbesondere das Verhältnis von Art. 12 GG zu Art. 33 GG von Bedeutung. „Grundsätzlich ist Art. 33 Spezialvorschrift gegenüber Art. 12; denn Art. 33 Abs. 2–5 regelt das Recht des öffentlichen Dienstes als besonderes Berufsrecht speziell." (ebd.: Rnr. 206). Ausnahmen hiervon gelten nur dort, wo Berufsausbildung i.S.d. Art. 12 GG auf öffentlich-rechtliches Dienstverhältnis trifft, wie beispielsweise bei Rechtsreferendaren (ebd.: Rnr. 207f.). Da Art. 33 GG die speziellere Norm darstellt, wird Schwerpunkt der Prüfung in dieser Arbeit auf dieser Norm liegen.

3.3 Diskriminierungsverbot

Im Folgenden wird ausschließlich das Benachteiligungsverbot aufgrund des Geschlechts thematisiert, da dies Schwerpunkt in dieser Arbeit darstellt. So schützt Art. 3 Abs. 3 S. 1 GG vor Benachteiligung aufgrund des Geschlechtes. Art. 3 Abs. 2 S. 1 GG und Art. 3 Abs. 3 entsprechen einander hinsichtlich des Diskriminierungsverbots (BVerfG 1978: Rnr. 44). Die Verfassungsnorm „untersagt dem Staat, eine bestimmte Verschiedenheit der Menschen – die geschlechtliche – zu berücksichtigen" (Kischel 2017: Rnr. 184). Untersagt ist dabei nicht nur die unmittelbare Benachteiligung aufgrund des Geschlechts, sondern auch die mittelbare Benachteiligung. Eine Regelung benachteiligt mittelbar, wenn sie zwar geschlechtsneutral formuliert ist, aber dennoch ein Geschlecht faktisch benachteiligt (BVerfG 2005: Rnr. 52). Die mittelbare und unmittelbare Diskriminierung unterscheiden sich hinsichtlich der Rechtfertigungsgründe. Während an die unmittelbare Diskriminierung ein sehr strenger Maßstab zur Rechtfertigung angelegt ist, reicht es für die mittelbare Diskriminierung aus, dass die entsprechende „Regelung auf hinreichenden sachlichen Gründen beruht" (ebd.: Rnr. 69).

4. Unterschiedslose Mindestkörpergröße für Frauen und Männer

Um die verfassungsrechtliche Vereinbarkeit unterschiedsloser Mindestgrößen für die Einstellung bei der Polizei zu prüfen, bietet es sich an, einen fiktiven Grundsachverhalt zu bilden, anhand dessen die Prüfung erfolgen kann. Dieser fiktive Grundsachverhalt sollte den Kern der Problematik umfassen. Als fiktiver Grundsachverhalt wird davon ausgegangen, dass sich eine weibliche Bewerberin (im Folgenden „B" genannt) bei einer Polizei eines Landes (im Folgenden „P" genannt) für eine Ausbildung im mittleren Dienst zur Polizeimeisterin beworben hat. Die Körpergröße der B liegt einen Zentimeter unter der Mindestgröße von 160cm, die als Einstellungsvoraussetzung benannt ist. Die Mindestkörpergröße von 160cm gilt gleichermaßen für weibliche, wie für männliche Bewerber, wie dies auch ständige Verwaltungspraxis in mehreren Bundesländern ist (vgl. Kapitel 2). Alle sonstigen Voraussetzungen für die Einstellung in den Polizeidienst erfüllt die B. Aufgrund der zu geringen Körpergröße erhielt die B eine Absage von der P. Fraglich ist, ob eine Ungleichbehandlung vorliegt und ob diese gegebenenfalls gerechtfertigt ist.

4.1 Mindestgröße als Eignungskriterium gem. Art. 33 GG

Zu prüfen ist zunächst, ob durch die Einstellungsvoraussetzung einer Mindestkörpergröße das Recht der B auf gleichen Zugang zum öffentlichen Dienst gem. Art. 33 Abs. 2 GG verletzt ist. Um diese Frage beantworten zu können, wird geprüft, ob eine Ungleichbehandlung vorliegt und ob diese gerechtfertigt ist.

4.1.1 Ungleichbehandlung

Es ist eine Vergleichsgruppe zu finden, um anschließend abzuwägen, ob die B im Vergleich zu dieser Gruppe ungleich behandelt wurde. Als Vergleichsgruppe werden hier alle anderen Bewerber definiert, die größer als 160cm sind und eine Einstellungszusage von der P erhielten. Fraglich ist, ob die B im Vergleich zu dieser Gruppe ungleich behandelt wurde.

Eine Ungleichbehandlung liegt laut Bundesverfassungsgericht dann vor, wenn „wesentlich Gleiches ungleich, nicht dagegen, [..] wesentlich Ungleiches entsprechend der bestehenden Ungleichheit ungleich behandelt wird". (BVerfG 1951: Rnr. 139).

Die B unterscheidet sich von der Vergleichsgruppe lediglich hinsichtlich ihrer Körpergröße, die im extremsten Fall nur einen Zentimeter Unterschied zur Vergleichsgruppe beträgt, sie wird somit allein aufgrund körperlicher Gründe vom Zugang zum Beamtenverhältnis im Polizeivollzugsdienst ausgeschlossen. Von einer wesentlichen Ungleichheit kann daher nicht gesprochen werden. Im Ergebnis liegt also eine Ungleichbehandlung vor (siehe dazu auch BVerwG 2013: Rnr.: 12).

4.1.2 Rechtfertigung

Fraglich ist, ob die Ungleichbehandlung gerechtfertigt ist. Grundsätzlich gilt nach Art. 33 Abs. 2 GG das „Prinzip der Bestenauslese" (Epping 2017: Rnr. 855). Dabei dürfen grundsätzlich auch Merkmale in „körperlicher, psychischer und charakterlicher Hinsicht" (BVerfG 1995: Rnr. 44) herangezogen werden.

Einfachgesetzliche Grundlage auf Bundesebene stellt § 9 BeamtStG dar. Je nach Bundesland kommen verschiedene Normen als rechtliche Grundlage für die Ungleichbehandlung in Betracht. In Niedersachsen beispielsweise ist die Grundlage § 9 NBG i.V.m. einem Erlass des Innenministeriums vom 24.05.2016 (VG Düsseldorf 2017), auch in Hessen regelt ein Erlass die entsprechende Einstellungsvoraussetzung (VGH Kassel 2016: Rnr. 12).

Das grundrechtsgleiche Recht des Art. 33 Abs. 2 GG findet seine Schranken in den positiv formulierten Anforderungen der Eignung, Leistung und Befähigung. Regelungen, die eine Mindestgröße für die Einstellung in den Polizeidienst fordern, verfolgen als legitimen Zweck, eine „störungsfreie Wahrnehmung polizeilicher Aufgaben zu gewährleisten." (VGH Kassel 2016: Rnr. 3).

Fraglich ist, ob eine solche Regelung auch verhältnismäßig ist. Verhältnismäßig ist eine Regelung dann, wenn sie geeignet, erforderlich und angemessen ist.

Geeignet ist ein Eingriff dann, wenn er den verfolgten Zweck erreicht oder zumindest fördert (BVerfG 2006: Rnr. 112). Zu prüfen ist daher, ob eine zu kleine Körpergröße zu Nachteilen bei der polizeilichen Aufgabenerfüllung führen kann, die eine störungsfreie Wahrnehmung polizeilicher Aufgaben beeinträchtigt. Als problematisch stellt sich eine zu kleine Körpergröße insbesondere im Rahmen der Anwendung unmittelbaren Zwangs in Form von einfacher körperlicher Gewalt dar. So können entsprechende Halte- und Hebeltechniken bei zu großem Größenunterschied zum polizeilichen Gegenüber nicht mehr oder nur stark eingeschränkt ausgeführt werden, was sich bereits aus einfachen physikalischen Gesetzmäßigkeiten ergibt (VGH Kassel 2016: Rnr. 20; VG Berlin 2017: Rnr. 20). Dass eine zu geringe Körpergröße zu Problemen im operativen Dienst führt, zeigen auch Erfahrungen der nordrhein-westfälischen Polizei (VG Düsseldorf 2007: Rnr. 27). Die Festlegung einer Mindestgröße ist daher geeignet, um den verfolgten Zweck zumindest zu fördern.

Erforderlich ist ein Eingriff dann, „wenn der Gesetzgeber nicht ein anderes, gleich wirksames aber das Grundrecht nicht oder doch weniger fühlbar einschränkendes Mittel hätte wählen können" (BVerfG 1971: Rnr. 64). Ein milderes Mittel wäre hier beispielsweise gewesen, der B einen Tätigkeitsbereich innerhalb der Polizei zuzusagen, in dem die Anwendung körperlichen Zwangs nicht erforderlich ist, wie beispielsweise im Innendienst. Der Dienstherr hat sich allerdings bei der Festlegung der Eignungskriterien an den „typischen Aufgabenbereich der Ämter der Laufbahn zu orientieren" (VG Berlin 2017: Rnr. 15), eine Einschränkung auf ein konkret-funktionelles Amt ist daher nicht erforderlich. Vielmehr muss die B die Anforderungen für das Amt im abstrakt-funktionellen Sinn erfüllen, wozu auch die Tätigkeit im Außendienst gehört. Ein milderes Mittel wäre darüber hinaus die Wahl einer geringeren Mindestkörpergröße gewesen. Bezüglich der Einschätzung

8

der Eignungsanforderungen für den jeweiligen Dienstposten kommt dem Dienstherrn jedoch ein weiter Einschätzungsspielraum zu. Gerichtlich wurde bereits mehrfach bestätigt, dass unterhalb einer Größe von 160cm die störungsfreie Wahrnehmung der polizeilichen Aufgaben nicht mehr gewährleistet werden kann (ebd.: Rnr. 27; VGH Kassel 2016: Rnr. 20f.). Eine geringere Körpergröße wäre daher zwar ein milderes, jedoch ein ungeeignetes Mittel. Eine mildere geeignete Maßnahme ist daher nicht ersichtlich.

Angemessen ist ein Eingriff dann, wenn „die Schwere des Eingriffs bei einer Gesamtabwägung nicht außer Verhältnis zu dem Gewicht der ihn rechtfertigenden Gründe" (BVerfG 2007: Rnr. 125) steht. Hier ist zu konstatieren, dass dem Dienstherrn ein weiter Einschätzungsspielraum hinsichtlich der Kriterien zur Feststellung der Eignung zukommt (BVerwG 2013: Rnr. 12). Der B ist aufgrund ihrer Körpergröße nicht der Zugang zum öffentlichen Dienst im Allgemeinen verwehrt, sondern lediglich zum Polizeivollzugsdienst. Die „störungsfreie Wahrnehmung polizeilicher Aufgaben" (VGH Kassel 2016: Rnr. 3) stellt ein gewichtiges Recht des Staates dar, da es bei der Abwehr von Gefahren, welche zu den Kernaufgaben der Polizei zählt, gegebenenfalls um den Schutz gewichtiger Rechtsgüter wie das Recht auf Leben und Freiheit geht (VG Berlin 2017: Rnr. 27). Dieses Recht des Staates wiegt schwerer als das Interesse der B, auf gleichen Zugang zum Polizeivollzugsdienst (so auch ebd.). Der Eingriff ist somit auch angemessen.

4.1.3 Zwischenergebnis

Im Ergebnis liegt also eine Ungleichbehandlung der B gegenüber der zuvor festgelegten Vergleichsgruppe vor. Die Ungleichbehandlung wird je nach Polizei durch verschiedene Rechtsgrundlagen gerechtfertigt und ist im Ergebnis auch verhältnismäßig. Eine Verletzung des Rechts der B auf gleichen Zugang zum öffentlichen Dienst gem. Art. 33 Abs. 2 GG liegt somit nicht vor.

4.2 Benachteiligung nach Art. 3 GG

Nachdem die Vereinbarkeit einer Mindestgröße mit Art. 33 Abs. 2 GG geprüft wurde, bedarf es der Prüfung des Auffangtatbestands des allgemeinen Gleichbehandlungsgrundsatzes gem. Art. 3 GG. Im Speziellen könnte hier ein Verstoß gegen Art. 3 Abs. 2 i.V.m. Art. 3 Abs. 3 S. 1 GG vorliegen. Zu prüfen ist daher, ob die B durch die Festlegung einer Mindestgröße als Einstellungsvoraussetzung durch die P i.S.d. Art. 3 Abs. 2 i.V.m. Art. 3 Abs. 3 S. 1 GG benachteiligt wurde. Hier ist zwischen zwei Fällen zu unterscheiden. Einerseits der genannte fiktive Sachverhalt, dass eine identische Mindestkörpergröße für Frauen und Männer gewählt wurde und andererseits, wie es in einigen Bundesländern gehandhabt wird (vgl. Kapitel 2), dass für Frauen eine geringere Mindestkörpergröße gefordert wird, als für Männer. Im Folgenden soll Ersteres analysiert werden, in Kapitel **Fehler! Verweisquelle konnte nicht gefunden werden.** wird dann die Problematik der unterschiedlichen Mindestkörpergrößen diskutiert.

4.2.1 Ungleichbehandlung

Es ist erneut eine Vergleichsgruppe zu finden, um anschließend zu prüfen, ob die B im Vergleich zu dieser Gruppe benachteiligt wurde. Als Vergleichsgruppe werden alle männlichen Bewerber definiert, die größer als 160cm sind und von der P eine Einstellungszusage erhielten. Fraglich ist, ob die B im Vergleich zu dieser Gruppe ungleich behandelt wurde.

Für Frauen und Männer gelten dieselben Einstellungsvoraussetzungen, weshalb eine unmittelbare Benachteiligung zu verneinen ist. Allerdings könnte eine mittelbare Benachteiligung vorliegen, denn Art. 3 Abs. 2 GG gewährt auch Schutz vor faktischer Benachteiligung. So kann eine Benachteiligung „auch dann vorliegen, wenn eine geschlechtsneutral formulierte Regelung überwiegend Frauen nachteilig trifft" (BVerfG 2016: Rnr. 22). Eine solche faktische Benachteiligung liegt hier vor, da die Körpergröße von Frauen statistisch gesehen deutlich geringer ist, als die von Männern (Statistisches Bundesamt 2014: 8). Die B wurde somit benachteiligt.

4.2.2 Rechtfertigung

Fraglich ist, ob eine Rechtfertigung der Benachteiligung vorliegt.

Eine Rechtsnorm, die zu einer mittelbaren Benachteiligung führt, bedarf gem. Art. 3 Abs. 2 i.V.m. Art. 3 Abs. 3 S. 1 GG, einfachgesetzlich nach § 3 Abs. 2 AGG eines rechtmäßigen Zieles, das sachlich gerechtfertigt und verhältnismäßig ist (VGH Kassel 2016: Rnr. 26).

Zu diesem Ergebnis kam auch jüngst der Europäische Gerichtshof. Was die Vereinbarkeit unterschiedsloser Mindestkörpergrößen als Einstellungsvoraussetzung bei der Polizei mit europäischem Recht angeht, hat der Europäische Gerichtshof im Oktober dieses Jahres eine richtungsweisende Entscheidung getroffen (EUGH 2017). Vor dem Hintergrund, dass es in Deutschland bislang keine höchstrichterlichen Urteile zur Thematik gibt, schließt die Entscheidung des Europäischen Gerichtshofes eine Lücke.

So kommt der Europäische Gerichtshof zum Ergebnis, dass eine Benachteiligung durch unterschiedslose Mindestgrößen rechtmäßig sein kann, „wenn sie durch ein rechtmäßiges Ziel sachlich gerechtfertigt ist und die Mittel zur Erreichung dieses Ziels angemessen und erforderlich sind." (EUGH 2017: Rnr. 33). Die Prüfung dieser Anforderungen hat der Europäische Gerichtshof den nationalen Gerichten überlassen (ebd.: Rnr. 45).

Bezüglich der infrage kommenden Rechtsnormen, der Prüfung des legitimen Zwecks, Geeignetheit und Erforderlichkeit kann auf die obige Subsumtion verwiesen werden (vgl. Kapitel 4.1.2). So stellt das rechtmäßige Ziel auch hier die Gewährleistung der „ordnungsgemäße[n] Aufgabenerfüllung der Polizei" (VGH Kassel 2016: Rnr. 3) dar.

Fraglich ist, ob die Benachteiligung auch angemessen ist. Das Recht des Staates auf die ordnungsgemäße Aufgabenerfüllung der Polizei ist, wie bereits oben erläutert (vgl. Kapitel 4.1.2), ein gewichtiges Gut, da entsprechend hochwertige Rechtsgüter, wie das Recht auf Leben und Freiheit sowie diverse andere gewichtige Rechtsgüter durch die Gefahrenabwehr der Polizei betroffen sein können. Das Recht der B, gegenüber Männern nicht benachteiligt zu werden, muss in diesem Fall hinter den hohen Rechtsgütern zurücktreten (VGH Kassel 2016: Rnr. 24-27).

4.2.3 Zwischenergebnis

Im Ergebnis liegt bei gleichen Mindestkörpergrößen für Frauen und Männer zwar eine Benachteiligung von Frauen vor. Dass eine solche Benachteiligung gerechtfertigt sein kann, bestätigte jüngst der Europäische Gerichtshof. Die entsprechenden Rechtsnormen verfolgen sachlich gerechtfertigte und verhältnismäßige Ziele. Zu diesem Ergebnis kamen in der Vergangenheit auch verschiedene nationale gerichtliche Entscheidungen (OVG Berlin-Brandenburg 2017, OVG Magdeburg 2017, VGH Kassel 2016, VG Berlin 2017, VG Düsseldorf 2007).

5. Unterschiedliche Mindestkörpergrößen für Frauen und Männern

Als besonders problematisch erweisen sich hingegen Regelungen, bei denen unterschiedliche Körpergrößen für Frauen und Männer gefordert sind. Vor dem Hintergrund des Gleichbehandlungsgrundsatzes erscheint eine solche Regelung zunächst schlüssig und verfolgt sicherlich nachvollziehbare Zwecke. Aus rechtlicher Sicht erweist sich die Thematik allerdings als sehr problematisch.

So kamen unlängst zwei Urteile des VG Düsseldorf (2017) und des OVG Münster (2017) zum Ergebnis, dass ein Ablehnungsbescheid allein aufgrund der Mindestkörpergröße bei unterschiedlichen Anforderungen für Frauen und Männern rechtswidrig sei. Das VG Düsseldorf befand einen ähnlichen Eingriff zehn Jahre zuvor, bei dem allerdings eine unterschiedslose Mindestgröße gefordert war, für rechtmäßig (VG Düsseldorf 2007).

Die Problematik bei unterschiedlichen Anforderungen für Frauen und Männern liegt darin, dass der Zweck der abweichenden Körpergrößen die Gleichberechtigung von Frauen und Männern ist, was allerdings ein eignungsfernes Kriterium darstellt und somit nicht durch Art. 33 Abs. 2 GG gedeckt ist (so zur vergleichbaren Thematik der Höchstaltersgrenzen: BVerfG 2015: Rnr. 77). Eine solche Regelung „konkretisiert damit eine verfassungsimmanente Schranke von Art. 33 Abs. 2 GG und verfolgt die Intention, zwei kollidierende Rechtsgüter von Verfassungsrang - den Leistungsgrundsatz aus Art. 33 Abs. 2 GG einerseits und die Gleichberechtigung nach Art. 3 Abs. 2 GG andererseits - gegeneinander abzuwägen und in Ausgleich zu bringen." (VG Düsseldorf 2017: Rnr. 27). Das VG Düsseldorf lässt im Ergebnis offen, ob eine solche Regelung grundsätzlich rechtmäßig sein kann (ebd.: Rnr. 34). Es bemängelt lediglich, dass die Rechtsgüterabwägung der Exekutive in Ausgestaltung eines Erlasses übertragen wurde. Gemäß der Wesentlichkeitstheorie ist „[d]er Gesetzgeber [..] verpflichtet, alle wesentlichen Entscheidungen selbst zu treffen, und darf sie nicht anderen Normgebern überlassen." (BVerfG 1998: 2520). Wesentlich ist eine Sache insbesondere dann, wenn sie von Grundrechtsrelevanz ist (Grzeszick 2017: Rn. 107). Aus diesem Grund kommt das VG Düsseldorf korrekterweise zum Schluss, dass es für eine Regelung mit abweichenden Körpergrößen für Frauen und Männer eines Parlamentsgesetzes bedarf (VG Düsseldorf: Rnr. 27). Das OVG Münster kommt wenig später inhaltlich zum gleichen Ergebnis. Es stellt zwar fest, dass eine Mindestgröße grundsätzlich ein zulässiges Eignungskriterium ist, allerdings sei durch die höhere Mindestgröße für Männer der Leistungsgrundsatz zugunsten des Art. 3 Abs. 2 GG verletzt, eine entsprechende Regelung sei dem Parlamentsgesetzgeber vorbehalten (OVG Münster 2017: Rnr. 74).

Das Land Nordrhein-Westfalen hat auf die Urteile wohl mit einer kompletten Aussetzung der Mindestgröße als Einstellungsvoraussetzung reagiert, zumindest wird eine solche derzeit nicht gefordert (vgl. Kapitel 2). Es bleibt abzuwarten, ob andere Gerichte zu derselben Auffassung wie das OVG Münster und VG Düsseldorf kommen. In der Verwaltungspraxis würde dies vermutlich dazu führen, dass zukünftig keine oder alternativ unterschiedslose

12

Mindestkörpergrößen gefordert werden, da diese durch die Verwaltung selbst geregelt werden können und der langwierige Weg zu einem Parlamentsgesetz erspart bleibt. Sollte es dennoch in der Zukunft ein entsprechendes Parlamentsgesetz geben, bleibt die Frage offen, ob eine solche Regelung verfassungskonform wäre.

6. Fazit

Im Rahmen dieser Arbeit konnte gezeigt werden, dass die Verwaltungspraxis hinsichtlich des Einstellungskriteriums der Mindestkörpergröße beim Polizeivollzugsdienst in Deutschland sehr unterschiedlich ist. So gibt es Polizeien, die gar keine Mindestkörpergröße fordern, solche die eine einheitliche Mindestkörpergröße für Frauen und Männern fordern und zuletzt Polizeien, die für Frauen geringere Mindestkörpergrößen verlangen als für Männer.

Dass eine Mindestkörpergröße ein sinnvolles Einstellungskriterium sein kann, zeigt die Rechtfertigung für die unterschiedslose Mindestkörpergröße. So konnte festgestellt werden, dass durch die Festlegung einer Mindestkörpergröße das Recht auf gleichen Zugang zum öffentlichen Dienst gem. Art. 33 Abs. 2 GG durch eine Ungleichbehandlung betroffen ist. Diese Ungleichbehandlung ist allerdings gerechtfertigt. Dies ergibt sich aus dem Zugangskriterium der Eignung, worunter auch die Körpergröße fallen kann, sofern der Eingriff einen legitimen Zweck verfolgt und verhältnismäßig ist. Der legitime Zweck stellt die zuverlässige Aufgabenerfüllung der Polizei dar. Diese kann bei zu geringer Körpergröße, insbesondere bei der Anwendung unmittelbaren Zwangs, nicht mehr gewährleistet werden. Sofern die festgesetzte Körpergröße nicht willkürlich gewählt wurde, ist ein solcher Eingriff daher gerechtfertigt.

Bei unterschiedsloser Mindestkörpergröße liegt darüber hinaus eine Diskriminierung gem. Art. 3 Abs. 2 i.V.m. Art. 3 Abs. 3 S.1 GG vor. Es handelt sich hierbei um eine mittelbare Benachteiligung von Frauen, da die Normen geschlechtsneutral formuliert sind, die durchschnittliche Körpergröße von Frauen statistisch gesehen allerdings geringer ist, als die von Männern. Sowohl laut nationaler Gerichtsbarkeit, als auch nach jüngster Rechtsprechung des Europäischen Gerichtshofes, bedarf es zur Rechtfertigung einer solchen mittelbaren Benachteiligung eines sachlich gerechtfertigten Zieles. Darüber hinaus muss der Eingriff verhältnismäßig sein. Wie auch bei der Prüfung des Eignungsprinzips wiegt das legitime Ziel der „ordnungsgemäße[n] Aufgabenerfüllung der Polizei" (VGH Kassel 2016: Rnr. 3) höher als das Recht der Betroffenen, nicht benachteiligt zu werden.

Als problematisch stellten sich solche Regelungen heraus, bei denen für Frauen eine geringere Mindestgröße als für Männer gefordert wird. Solche Regelungen bezwecken die Gleichberechtigung von Frauen und Männern. Dieser Zweck ist allerdings ein eignungsfernes Kriterium, das nicht durch Art. 33 Abs. 2 GG gedeckt ist. Bislang sind entsprechende Regelungen per Erlass festgeschrieben. Einen Ausgleich zwischen Gleichberechtigung und Eignung zu finden, obliegt laut Gerichtsbarkeit allerdings nicht der Verwaltung. Entsprechende Regelungen müssen nach der Wesentlichkeitstheorie durch den Parlamentsgesetzgeber getroffen werden.

Es bleibt abzuwarten, ob unterschiedliche Mindestkörpergrößen vollständig abgeschafft werden, um sich der rechtlichen Problematik zu entziehen. Sollten sich Länder oder der Bund für unterschiedliche Mindestkörpergrößen für Frauen und Männer entscheiden und diese mittels Parlamentsgesetz regeln, bleibt abzuwarten, wie die Kollision der Grundrechte aufgelöst wird. Hier wird sich die Gerichtsbarkeit aller Voraussicht nach erneut mit der Rechtmäßigkeit solcher Regelungen befassen müssen.

Literaturverzeichnis

Bayerisches Staatsministerium des Innern, für Bau und Verkehr (Hrsg.) (2017): Ausnahmen bei den Einstellungsvoraussetzungen, Onlinequelle: https://www.mit-sicherheit-anders.de/termine-und-infos/glossar/#Ausnahmen%20bei%20den%20Einstellungsvoraussetzungen (Abrufdatum: 11.11.2017).

Bundeskriminalamt (Hrsg.) (2016): Informationsblatt des Ärztlichen Dienstes des Bundeskriminalamtes für Bewerberinnen und Bewerber für den Polizeivollzugsdienst des Bundes, Onlinequelle: https://www.bka.de/SharedDocs/Downloads/DE/KarriereBeruf/informationsblatt_Po lizeidiensttauglichkeit.pdf?__blob=publicationFile&v=1 (Abrufdatum: 11.11.2017), Stand: 05/2016.

Bundespolizei (Hrsg.) (2017): Hast du, was wir suchen? Die Einstellungsvoraussetzungen, Onlinequelle: https://www.komm-zur-bundespolizei.de/bewerben/einstellungsvoraussetzungen/ (Abrufdatum: 11.11.2017).

BVerfG (1951): Urteil vom 23.10.1991, Az.: 2 BvG 1/51, in: Neue Juristische Wochenschrift 1951: 877-879.

BVerfG (1971): Beschluss vom 16.03.1971, Az.: 1 BvR 52/66, in: Neue Juristische Wochenschrift 1971: 1255-1261.

BVerfG (1978): Beschluss vom 09.08.1978, Az.: 2 BvR 831/76, in: Neue Juristische Wochenschrift 1978: 151-154.

BVerfG (1978): Beschluss vom 28.01.1978, Az.: 1 BvR 455/82, in: Neue Juristische Wochenschrift 1978: 1541-1543.

BVerfG (1995): Beschluss vom 21.02.1995, Az.: 1 BvR 1397/93, in: Deutsch-Deutsche Rechtszeitschrift 1995: 277-279.

BVerfG (1998): Urteil vom 14. Juli 1998, Az.: 1 BvR 1640/97, in: Neue Juristische Wochenschrift 1998: 2515-2523.

BVerfG (2005): Beschluss vom 05.04.2005, Az.: 1 BvR 774/02, in: Deutsches Steuerrecht 2005: 1244-1248.

BVerfG (2006): Urteil vom 28.03.2006, Az.: 1 BvR 1054/01, in: Gewerblicher Rechtsschutz und Urheberrecht 2006: 688-694.

BVerfG (2007): Beschluss vom 13.06.2007, Az.: 1 BvR 1550/03, in: Zeitschrift für Wirtschaftsrecht 2007: 1356-1366.

BVerfG (2010): Beschluss vom 17.11.2009, Az.: 1 BvR 2192/05, in: Deutsches Steuerrecht 2010: 434-441.

BVerfG (2015): Beschluss vom 21.04.2015, Az.: 2 BvR 1322/12, in: Neue Zeitschrift für Verwaltungsrecht 2015: 1279-1285.

BVerfG (2016): Stattgebender Kammerbeschluss vom 08.06.2016, Az.: 1 BvR 3634/13, in: Neue Zeitschrift für Arbeitsrecht 2016: 939-941.

BVerwG (2013): Urteil vom 25.07.2013, Az.: 2 C 12/11, in: Neue Juristische Wochenschrift 2014: 300-305.

Der Ministerpräsident des Landes Schleswig-Holstein (Hrsg.) (2017): FAQ - Häufig gestellte Fragen, Onlinequelle: http://www.schleswig-hol-stein.de/DE/Landesregierung/POLIZEI/Berufung/Berufseinstieg/FAQ/faq_start.html (Abrufdatum: 11.11.2017).

Der Polizeipräsident in Berlin (Hrsg.) (2017): Bewerbung & Einstellung, Onlinequelle: https://www.berlin.de/polizei/beruf/polizist-polizistin-werden/bewerbung-einstellung/ (Abrufdatum: 11.11.2017).

Epping, Volker (2017): Grundrechte, 7. Auflage, Berlin: Springer.

EUGH (2017): Urteil vom 18.10.2017, Az.: C-409/16, in: Neue Zeitschrift für Verwaltungsrecht 2017: 1686-1688.

Hense, Ansgar (2017): Art. 33 GG, in: Epping, Volker/Hillgruber, Christian (Hrsg.): Beck'scher Onlinekommentar Grundgesetz, 34. Edition, Stand: 15.08.2017.

Fachhochschule für öffentliche Verwaltung, Polizei und Rechtspflege des Landes Mecklenburg-Vorpommern (Hrsg.) 2017: Allgemeine und persönliche Einstellungsvoraussetzungen - Polizei, Onlinequelle: http://www.fh-guestrow.de/ausbildung/pza/bewerbpza/zaedpza1.php (Abrufdatum: 11.11.2017).

Fröhlich, Alexander (2017): Brandenburg hebt Mindestgröße für Polizisten auf, in: Potdamer Neueste Nachrichten (Hrsg.), Onlinequelle: http://www.pnn.de/brandenburg-berlin/1195205/ (Abrufdatum: 11.11.2017), veröffentlicht: 27.06.2017.

Grzeszick, Bernd (2017): Art. 20 GG II., in: Maunz/Dürig (Hrsg.): Grundgesetz Kommentar, 80. Ergänzungslieferung 2017, München: C.H. Beck.

Hessisches Landeskriminalamt (Hrsg.) (2017): Einstellungsvoraussetzungen für den gehobenen Polizeivollzugsdienst bei der hessischen Polizei, Onlinequelle: https://www.polizei.hessen.de/Karriere/Die-Bewerbung/Einstellungsvoraussetzungen/ (Abrufdatum: 11.11.2017).

Innenministerium Baden-Württemberg (Hrsg.) (2017): Voraussetzungen, Onlinequelle: https://nachwuchswerbung.polizei-bw.de/web/index.php/voraussetzungen/#intro (Abrufdatum: 11.11.2017).

Kischel, Uwe (2017): Art. 3 GG, in: Epping, Volker/Hillgruber, Christian (Hrsg.): Beck'scher Onlinekommentar Grundgesetz, 34. Edition, Stand: 15.08.2017.

Landesamt für Ausbildung, Fortbildung und Personalangelegenheiten der Polizei NRW (Hrsg.) (2017): Deine Voraussetzungen, Onlinequelle: https://www.genau-mein-fall.de/ (Abrufdatum: 11.11.2017).

Maunz, Theodor/Dürig, Günter/Badura, Peter (2017): Art. 33 GG, in: Maunz, Theodor/Dürig, Günter (Hrsg.): Grundgesetz-Kommentar, Band IV, 80. Ergänzungslieferung.

Ministerium des Innern und für Sport Rheinland-Pfalz (Hrsg.) (2017): Allgemeine Voraussetzungen, Onlinequelle: https://www.polizei.rlp.de/de/karriere/dein-weg-mit-abitur/ (Abrufdatum: 21.10.2017).

Ministerium für Inneres und Sport des Landes Sachsen-Anhalt (Hrsg.) (2017): Das bietet ihr, Onlinequelle: https://polizei-web.sachsen-anhalt.de/der-polizeiberuf/das-bietet-ihr/ (Abrufdatum: 11.11.2017).

Ministerium für Inneres und Sport (Hrsg.) (2017): Bewerbungsverfahren, Onlinequelle: https://www.saarland.de/9936.htm (Abrufdatum: 11.11.2017).

OVG Berlin-Brandenburg (2017): Beschluss vom 27.01.2017, Az.: OVG 4 S 48/16, in: Beck online Rechtsprechung 2017: 101524.

OVG Magdeburg (2017): Beschluss vom 29.09.2017, Az.: 1 M 92/17, in: Beck online Rechtsprechung 2017: 129478.

OVG Münster (2017): Urteil vom 21.09.2017, Az.: 6 A 916/16, in: Beck online Rechtsprechung 2017: 125775.

Polizei Bremen (Hrsg.) (2017): Fragen und Antworten, Onlinequelle: http://www.polizei.bremen.de/sixcms/detail.php?gsid=bremen09.c.4468.de#Stellena usschreibungenDeutsch (Abrufdatum: 11.11.2017).

Polizei Hamburg (Hrsg.) (2017): Einstellungsvoraussetzungen, Onlinequelle: http://akademie-der-polizei.hamburg.de/einstellungsvoraussetzungen-/ (Abrufdatum: 11.11.2017).

Polizeiakademie Niedersachsen (Hrsg.) (2017): Voraussetzungen für Ihre Einstellung bei der Polizei Niedersachsen, Onlinequelle: http://www.polizei-studium.de/voraussetzungen,6.html (Abrufdatum: 11.11.2017).

Sächsisches Staatsministerium des Innern (Hrsg.) (2017): Einstellungsvoraussetzungen, Onlinequelle: http://www.polizei.sachsen.de/de/3593.htm (Abrufdatum: 11.11.2017).

Statistisches Bundesamt (Hrsg.) (2014): Mikrozensus - Fragen zur Gesundheit - Körpermaße der Bevölkerung 2013, Onlinequelle: https://www.destatis.de/DE/Publikationen/Thematisch/Gesundheit/Gesundheitszusta nd/Koerpermasse5239003139004.pdf?__blob=publicationFile(Abrufdatum: 04.11.2017), veröffentlicht: 05.11.2014.

Thüringer Ministerium für Inneres und Kommunales (Hrsg.) (2017): Voraussetzungen, Onlinequelle: http://www.thueringen.de/th3/polizei/karriere/voraussetzungen/index.aspx (Abrufdatum: 11.11.2017).

VG Berlin (2017): Urteil vom 01.06.2017, Az.: 5 K 219.16, in: Beck online Rechtsprechung 2017: 114353.

VG Düsseldorf (2007): Urteil vom 02.10.2007, Az.: 2 K 2070/07, in: Beck online Rechtsprechung 2008: 30237.

VG Düsseldorf (2017): Urteil vom 08.08.2017, Az.: 2 K 7427/17, in: Neue Zeitschrift für Verwaltungsrecht 2017: 1396-1400.

VGH Kassel (2016): Beschluss vom 25.08.2016, Az.: 1 B 976/16, in: Die Öffentliche Verwaltung 2016: 1008-1012.

BEI GRIN MACHT SICH IHR WISSEN BEZAHLT

- Wir veröffentlichen Ihre Hausarbeit, Bachelor- und Masterarbeit

- Ihr eigenes eBook und Buch - weltweit in allen wichtigen Shops

- Verdienen Sie an jedem Verkauf

Jetzt bei www.GRIN.com hochladen und kostenlos publizieren